SONETOS DE AMOR E SACANAGEM

GREGORIO DUVIVIER

Sonetos de amor e sacanagem

Copyright © 2021 by Gregorio Duvivier

Grafia atualizada segundo o Acordo Ortográfico da Língua Portuguesa de 1990,
que entrou em vigor no Brasil em 2009.

Capa
Alceu Chiesorin Nunes

Imagem de capa
Fesleen/ Shutterstock

Preparação
Silvia Massimini Felix

Revisão
Adriana Bairrada
Márcia Moura

Algumas versões dos poemas incluídos neste livro foram publicadas
previamente na *piauí*, na *Folha de S.Paulo* e em *A partir de amanhã*
a vida vai ser agora (7Letras, 2008) e *Sonetos* (Tinta da China, 2017).

Dados Internacionais de Catalogação na Publicação (CIP)
(Câmara Brasileira do Livro, SP, Brasil)

Duvivier, Gregorio
  Sonetos de amor e sacanagem / Gregorio Duvi-
vier. — 1ª ed. — São Paulo : Companhia das Letras,
2021.

  ISBN 978-65-5921-317-7

  1. Poesia brasileira I. Título.

21-76113   CDD-B869.91

Índice para catálogo sistemático:
1. Poesia : Literatura brasileira B869.91

Cibele Maria Dias – Bibliotecária – CRB-8/9427

[2021]
Todos os direitos desta edição reservados à
EDITORA SCHWARCZ S.A.
Rua Bandeira Paulista, 702, cj. 32
04532-002 — São Paulo — SP
Telefone: (11) 3707-3500
www.companhiadasletras.com.br
www.blogdacompanhia.com.br
facebook.com/companhiadasletras
instagram.com/companhiadasletras
twitter.com/cialetras

Sumário

Soneto de apresentação, 9

Soneto distraído, 11

Soneto pra Sá de Miranda, 13

Soneto do soneto, 15

Soneto fático, 17

Soneto da filha pequena, 19

Soneto branco sobre fundo branco, 21

Soneto francês, 23

Soneto sobre tela, 25

Soneto do desarrependimento, 27

Soneto da maconha, 29

Soneto ao luar, 31

Soneto gasoso, 33

Soneto inútil, 35

Soneto do amor romântico, 37

Soneto a uma passante virtual, 39

Soneto nude, 41

Soneto do revival, 43

Soneto da quinta série, 45

Soneto russo, 47

Soneto do entorpecimento, 49

Soneto da máscara, 51

Soneto verde e amarelo, 53

Soneto do confinamento, 55

Soneto do fim do mundo, 57

Soneto do amor virtual, 59
Soneto da embriaguez, 61
Soneto da maturidade, 63
Soneto marítimo, 65
Soneto da ausência, 67
Soneto da ficção, 69
Soneto do RPG, 71
Soneto da praça de alimentação, 73
Soneto da desistência, 75
Soneto hipocondríaco-epicurista, 77
Soneto da depressão pós-coito, 79
Soneto da infidelidade, 81
Soneto da calvície, 83
Soneto português, 85
Soneto da língua-mãe, 87
Soneto da Faria Lima, 89
Soneto do descompromisso, 91
Soneto do aplauso, 93
Soneto da humildade, 95
Soneto da serra, 97
Soneto do esquecimento, 99
Soneto da solenidade, 101
Soneto da despedida, 103

Índice de primeiros versos, 105

SONETOS DE AMOR E SACANAGEM

Soneto de apresentação

Deste livro, veloz, me livraria,
nada que encontras nele é necessário.
Não entendo o porquê da Companhia
publicar tantos livros desse otário.

Em teu lugar, leitor, não o leria.
Tem autores melhores nesse páreo.
Quem investe em comprar tal poesia
desperdiça um pedaço do salário.

Se queres um bocado de ultraje
sacanagens maiores há em Bocage.
Se procuras algum divertimento

sugiro leres a Constituição.
Putarias num livro de ficção?
Tem piores no Velho Testamento.

Soneto distraído

Não acredito em deus nem em gnomos
mas num amor total sem meios-termos.
Nunca entendi direito o que nós fomos
mas isso não nos impediu de sermos.

O amor não precisa de mil tomos
ou contratos enormes para lermos.
Não definimos bem o que nós somos
mas isso não nos impediu de sermos.

Fui feliz muitas vezes nessa vida,
todas elas fui pego de surpresa.
A alegria é sempre distraída.

Felicidade nunca é com certeza.
Por não saber quando é que te veria,
quis te ver nessa vida todo dia.

Soneto pra Sá de Miranda

Tenho pena de quem é meu amigo,
pois deve desejar a minha morte.
Nasci graças a deus com uma sorte:
a de não ter que conviver comigo.

Garantiram: não tem nenhum perigo.
Não há chato, no mundo, do meu porte.
Jamais serei de mim o meu consorte.
Só a vocês concedo esse castigo.

Os segundos que chegam logo após
ouvir no gravador a minha voz
dão vontade de dar à vida um fim.

Se eu fosse por acaso dessa gente
que convive comigo diariamente
ou me matava ou bem matava a mim.

Soneto do soneto

A restrição ajuda o desbloqueio.
A ninguém interessa quem tu és.
Corte o verso em idênticos filés
de dez sílabas cada, sem recheio.

Só te peço pra não botar o freio
da cesura no cinco: entorta os pés.
Pare no quatro, seis, sete, oito ou dez:
mas não divida, nunca, um verso ao meio.

Tudo presta, cabendo na cadência.
Cale-se, vaidade. Nada vence a
escuta. Inteligência? Vade retro.

Acenda um baseado ou faça um chá.
O que tens a dizer logo virá.
Deixe falar em seu lugar o metro.

Soneto fático

Repare nas pessoas conversando:
não é um bate-papo, é uma luta.
Todos querem pra si o olhar do bando.
Ninguém se entende nem sequer se escuta.

Pode até parecer civilizado,
mas se olhar com cuidado e lucidez
vai perceber que quem está calado
só espera chegar a sua vez.

Fale merda que alguém no mesmo instante
dirá uma merda mais irrelevante
que não tem nada a ver com a merda acima.

Falar só serve pra fazer barulho.
Esse poema, mesmo, é um entulho.
Não muda nada — mas ao menos rima.

Soneto da filha pequena

Acordei transformado num sultão.
A princesa, miçangas em sua testa,
dava aos gatos, seus tigres, uma festa.
Um cetro de vassoura em sua mão.

Seu vestido arrastava pelo chão.
Com os liros ergueu uma floresta.
Escondida enxergava pela fresta
a poltrona vertida em alçapão.

Da casa sem crianças tenho dó.
Nenhum dos móveis sequer sonhará
em ter seus afazeres subvertidos.

A pá só servirá pra pôr o pó.
A vassoura somente varrerá.
As cortinas jamais serão vestidos.

Soneto branco sobre fundo branco

Pegue um papel, ou uma parede, ou algo
que seja quase branco e bem vazio.
Amasse bem até que tome forma
de um animal: focinho, corpo, patas.

Em cada pata ponha muitas unhas
e em sua boca muitos dentes. (Caso
queira, pinte o focinho de qualquer
cor que pareça rosa.) Atrás, na bunda,

ponha um fiapo nervoso: será seu
rabo. Pronto. Ou quase: deixe-o lá
fora e espere chover nanquim. Agora

dê grama ao bicho. Se ele rejeitar,
é dálmata. Se comer (e mugir),
é uma vaca que tens. Tente outra vez.

Soneto francês

O francês, pequeno, *il apprend*.
Só de nascer, amigo, *cê sifu*.
Entendeu que é melhor desde *enfant*
presumir que a batalha está *perdue*.

Ninguém conhece o dia de amanhã.
No peito todo mundo tem um *trou*.
Buraco que se tapa com *croissant*
e *aligot*, que é uma forma de tutu.

Intolerantes do mundo: que lutem!
Alegria, teu nome é vinho e glúten.
Há ressaca, mas chamam *gueule de bois*.

A morte espreita no final da frase.
Senta. Resmunga. Acende uma *gauloise*.
As tardes foram feitas pra fumar.

Soneto sobre tela

Erguer antes de tudo uma parede —
a parede no caso é importantíssima,
pois as janelas só existem sobre
paredes, as janelas sobre nada

são também nada e não são sequer vistas.
Em seguida, quebrá-la até fazer
nela um grande buraco, não maior
que a parede, pois precisamos vê-la,

nem menor que seus braços — as janelas
sobre as quais não se pode debruçar
não são janelas, são buracos. Pronto.

Ou quase: agora basta construir
um mundo do outro lado da parede,
para que possas vê-lo, emoldurado.

Soneto do desarrependimento

Já fiz muita besteira nessa lida.
Tantos limões, tão pouca limonada.
Passei uma existência arrependida
tentando desfazer cada burrada.

Pois já não me arrependo de mais nada.
Desisti de tomar meu vermicida
desde que percebi que a estrada errada
foi a que te botou na minha vida.

Tantos erros na vida, percebi,
me levaram, errando, até a ti.
Perdendo-me encontrei a alegria.

Tanto me arrependi que hoje tento
praticar o desarrependimento.
Acertando, não te conheceria.

Soneto da maconha

O silêncio da fera ela garante.
Uma tarde sem sal, ela tempera.
Não há no mundo todo igual amante.
A maconha gratina a sua espera.

Tudo fica melhor e mais crocante
se puder dar um tapa na pantera.
Quando a vida precisa de um levante,
refoga essa existência rastaquera.

A cannabis opera algum milagre.
Traz o vinho de volta no vinagre,
até água transforma em iguaria.

Faz um beque, relaxa, se aconchega.
Maconha é o melhor tipo de manteiga
pra besuntar o pão de cada dia.

Soneto ao luar

Se uma lua surgir no firmamento
pode ser que a beleza te impressione
e, querendo guardar esse momento,
você tire do bolso o seu iphone.

Com os olhos verá cada cratera
da cebola amarela no crepúsculo,
mas na tela verá só uma esfera,
um mero cravo pálido e minúsculo.

Sendo assim, é provável que se estrepe
se quiser compartilhar fotos do astro
nos seus diversos grupos de whatsapp.

A lua vai na contramão da história:
prefere não documentar seu rastro.
Só se deixa guardar na sua memória.

Soneto gasoso

Do Donald Trump ao Ahmadinejad,
do mais pobre mendigo ao lord e à lady,
o que conecta toda a humanidade
é que não há no mundo quem não peide.

Jesus, Gandhi, Ionesco, Harold Pinter,
Rainha Elizabeth, Pompidou,
nenhum sabia controlar o esfíncter.
Todos soltaram vento pelo cu.

Do maior elefante ao menor rato,
o que é vivo, de fato, solta flato,
inda que o olfato indique que morreu.

Tudo o que vive causa o efeito estufa
— até mesmo as ovelhas soltam bufa.
Essa agora, no entanto, não fui eu.

Soneto inútil

Um conselho: não gaste a sua verve
pensando pra que serve alguma porra.
Só vai servir pra que você se enerve:
faz logo a merda antes que tu morra.

Até o dia útil é inútil.
Nada nunca serviu pra merda alguma.
Viva sem se culpar a vida fútil
antes que um belo dia você suma.

Quem nunca perde tempo perde a vida.
Quem ganha tempo, perde-o em seguida.
A vida é curta e a morte se avizinha,

esqueça as relações de causa e efeito.
Nem tente fazer gol. Mate no peito
e comece a fazer embaixadinha.

Soneto do amor romântico

Ah, o amor — te dirão — é coisa séria!
Mas, depois de brincar de gato e rato,
quem brincou já não quer pagar o pato
e do amor só herdamos a bactéria.

Depois da tempestade, a miséria:
quem comeu já não quer lavar o prato.
O que te resta, amigo, é muito chato.
Fica do vínculo a parte venérea.

Não acreditem no que diz a mídia:
amor só dá em filhos ou clamídia.
Sim, eu sei que parece boa ideia,

mas amor é pior que hanseníase:
se você tiver sorte é candidíase,
se você não tiver é gonorreia.

Soneto a uma passante virtual

Na madrugada as redes me distraem.
Passeio por perfis feito um flâneur.
Só te vi uma vez na timeline
nalgum anúncio pago de skincare.

Logo pensei: *I want her to be mine*,
mas não tinha seu nome ali sequer.
Teria dito assim Gertrude Stein:
mulher é uma mulher é uma mulher.

Podes nem existir, podes ser russa.
Tudo o que vi de ti é a bela fuça
pela qual vasculhei todo o instagram.

Tudo o que sei da mais bela passante
é a marca que usa de esfoliante.
Talvez nem isso. Pode ser merchan.

Soneto nude

Não sei fotografar bem o meu pau,
as fotos que tirei já não espalho.
Mandar-te-ei, aqui, um nu verbal
pra não viralizar o meu caralho.

O comprimento do garoto é bom.
Não é pequeno nem tampouco é grande,
feito um desodorante de roll-on,
mas com a veia roxa e uma glande.

Levanta com preguiça de manhã,
mas à noite trabalha com afã.
Vez ou nunca acontece de estar duro.

Não querer conhecê-lo é uma perda.
Como o seu dono, tende para a esquerda
sensata: mais Mujica que Maduro.

Soneto do revival

Em meio às invasões bárbaras, eu
recomendo passar adiante o cetro.
Quando a paixão parece que morreu,
não há remédio, bisturi, eletro

choque, capaz de reativar aquilo
que já foi vivo em nós e faleceu.
(Por vezes é melhor dizer tranquilo
aos bárbaros que o reino é todo seu.)

Post mortem sempre nasce a tentativa
fadada a revelar-se malfadada
de crer que o que está morto reaviva

se lhe dermos uns golpes de pancada.
Quando a boca está seca e sem saliva
de nada servirá água salgada.

Soneto da quinta série

Mahatma se amarrava numa glande,
Leonardo pra mais de vinte dava.
Thomas Mann desmamou depois de grande.
Não descartes um pau, René pensava.

Calígula viveu co'a língua lá,
Picasso não tirava o seu Dalí.
Madre Teresa esquece em qual cu tá.
Implorava a Florbela: espanca aqui.

Agostinho gostava era de nabo.
Já são Tomás tomava aqui no rabo.
Até Jesus fazia troca-troca.

Há quem diga: só falas de cacete?
Se quiseres falamos sobre Goethe,
que, aliás, adorava uma piroca.

Soneto russo

Não adianta, por mais que você prove
que nada fez, por mais que você pague,
tal mujique fugindo em zigue-zague:
você faz merda, só porque se move.

Ninguém escapa à tal prova dos nove.
Tá pra nascer um bicho que não cague.
A culpa é a pior forma de *gulag*.
Vamos todos morrer, Raskolnikov.

Tua alma estará pra sempre grávida
do mal que inda não fez. Ouve esta *pravda*:
Deus não existe e logo o resultado

da vida é uma dízima periódica.
Afoga-te num mar negro de vodca.
Preserva o coração encouraçado.

Soneto do entorpecimento

Tenho total fascínio pela espécie
que encara o dia a dia sem bebida.
Quando não me entorpeço (isso acontece!)
quero logo engolir um formicida.

Não queria, mas mesmo que eu quisesse,
não sei se encararia sóbrio a vida.
Só levanto porque quando anoitece
sei que vou encontrar uma saída.

Acordo já pensando: isso melhora.
Vou tomar um negócio alguma hora:
seja um beque, uma breja ou algum conhaque.

Se não fosse a esperança de um baseado
preferia ficar ali deitado.
Já desperto escutando: tic. tac.

Soneto da máscara

Faz tempo que não ponho os pés na rua
com medo de encontrar a gente louca
que anda por aí com a face nua,
revelando por trás a mente oca.

Que horror cada nariz que se insinua.
Causa-me espécie, hélas, e não é pouca.
Enoja-me a narina à luz da lua.
Prefiro ver um cu do que uma boca.

Você me mostra, prosa, a epiderme,
mas só consigo ver que aí tem germe.
Apavora-me ver teu lábio rosa.

Não me venha sorrir, todo feliz.
Prefiro ver um pinto que um nariz.
Não me obrigue a lidar com sua mucosa.

Soneto verde e amarelo

Brasil: amo-te como quem te odeia.
Abomino-te como quem venera.
Ó pátria amada, idolatrada, espera:
tudo o que presta a tropa bombardeia.

Até o sangue que corre em cada veia
é vermelho da cor que te exaspera.
Mãe gentil, sempre foste uma quimera:
a mão que afaga é a mesma que aperreia.

Orgulho tenho é de quem foge à luta.
Não se obedece a um pai filho da puta.
Louvo-te com o dedo médio em riste.

Quem tem medalhas? Só canalha e traste.
Meus heróis são aqueles que mataste.
Amo-te pelo avesso, terra triste.

Soneto do confinamento

Passamos muitos meses em clausura,
enjaulados tal qual leões ao léu,
cultivando camadas de gordura,
sacolas besuntadas de álcool gel.

Lembro do cheiro eterno de fritura
e Pinho Sol Limão — sabor motel.
A vida pode ser bastante dura
num apê sem nenhum acesso ao céu.

Passamos o ano todo na faxina
esperando surgir a tal vacina
lavando compras com sabão na pia.

Se eu não tivesse uma família enorme,
eu teria bebido Lysoform.
O paraíso, Sartre, é a companhia.

Soneto do fim do mundo

Deve ser um transtorno paranoide,
mas penso sem parar no fim do mundo.
Se pintar na atmosfera um asteroide,
ele chega lá em casa num segundo.

Não se vê, mas no céu, agora mesmo,
atravessam milhões de meteoritos.
São bolas de canhão cruzando a esmo
e se alguma acertar-nos: tamos fritos.

Agorinha acontece um tiroteio,
só tem bala perdida e aqui no meio
a gente se preocupa com azia,

marcas de carro, glúten, adultério.
Nada merece ser levado a sério.
Os cometas te deram mais um dia.

Soneto do amor virtual

Encontrei-a no tinder de manhã,
logo quis conhecer melhor ao vivo,
mas pediu: "me adiciona no instagram"
e seguimos nesse outro aplicativo.

Mal conecto aparece a cidadã
que viu no meu perfil que estou ativo.
Só que quando proponho o tananã
parece que fiquei radioativo.

Há quem goste mais de homem, de mulher,
de animal, de cadáver, de apanhar,
e há quem goste, como esse meu affair,

de manter relação com avatar.
Só me resta pensar: "fiz o que pude".
Torcer pra, ao menos, receber um nude.

Soneto da embriaguez

Adolescente fui um mar de espinha
que nunca tinha visto uma só teta
nem sequer avistado uma calcinha:
passava os dias a bater punheta.

Esperava a velhice que não vinha,
não fumava ou bebia, era careta.
Até que resolvi perder a linha
e eis que a vida passou como um cometa.

Não que haja algo errado em masturbar-se,
mas a droga oferece-te a catarse
e uma trégua das dores que te afligem.

Se não fossem o álcool e a maconha
teria continuado só na bronha.
O que me fez crescer foi a vertigem.

Soneto da maturidade

Sexo livre não tem lá muita graça.
É coisa de criança. Não é sério.
Tesão sem compromisso dá e passa.
Adulto gosta mesmo é de adultério.

Quando tudo é perfeito e cor-de-rosa,
nessa altura, certeza: ninguém fode.
Quando alguém sofre é aí que você goza.
Trepa-se muito mais quando não pode.

Se já não for tão forte sua libido,
invente uma mulher ou um marido:
alguém para fazer papel de otário.

Imagina uma esposa ou um esposo
que o sexo logo fica mais gostoso.
Nada melhor que um corno imaginário.

Soneto marítimo

Haverá quem reclame do perfume
das tuas partes íntimas na alcova.
Dirão que se aproxima do cheirume
do chão depois da feira antes que chova.

Jamais entenderei esse queixume.
Impossível que alguém não se comova,
ou melhor: que algum pau não se avolume
ao sentir teu bálsamo de anchova.

Não me incomodo, amor, se tua gruta
certos dias nublados cheire a truta.
Pega na vara e ensina-me a pescar.

Entendo que, pra alguns, não seja fácil.
Mas sempre gostei muito de crustáceo
— dentro de ti me sinto em alto-mar.

Soneto da ausência

Há quem diga que o amor é plenitude,
só não pude observar a mesma coisa,
pois as penas que tive foram plenas
porém apenas de uma enorme falta.

O que salta aos meus olhos quando penso
no quão tenso foi tudo o que vivi
é que ali na tristeza ou na alegria
o que havia era a falta, nunca o cheio.

Se hoje freio o amor quando é romântico
no instante com muita veemência
é que vence a consciência adquirida

de que a vida constrói-se com presença
e quem pensa em alguém que não está
tampouco vai calhar de estar aqui.

Soneto da ficção

Amar alguém é fácil: fantasia
que tá amando. O máximo que der.
Para ajudar, inventa que a guria
ou o rapaz não te ama e nem te quer.

Pronto. Tens algo pra ocupar o dia.
Só não conte pro seu suposto affair
ou periga acabar tua alegria,
se por acaso o amado te quiser.

A paixão, quando o amado corresponde,
vai parar rapidinho sei lá onde,
como morre o tesão depois do gozo.

Só é amor se for com personagem.
Com pessoas se chama sacanagem.
Que, inclusive, é muito mais gostoso.

Soneto do RPG

Outro dia, no meio da trepada,
minha amada mulher chamou-me Heitor.
Meu nome é outro, amor, cê tá pirada?
Me chama pelo nome, faz favor.

Minha mulher, talvez, embriagada
revelou ter tesão no professor
e me pediu pra dar uma atuada
já que faço alguns bicos como ator.

Desde então já fui tudo: o cantor Belo,
Padre Fábio, já fui Padre Marcelo
e o deputado Jorge do Torresmo.

Pode gritar, amor, fazer barulho,
que hoje eu posso dizer com muito orgulho:
ela me trai mas é comigo mesmo.

Soneto da praça de alimentação

À noite, a praça de alimentação
tem idosos que trazem tupperware
com batata, filé e macarrão
e ali comem o rango, de colher.

Em frente à Vivenda do Camarão
janta um velho senhor com sua mulher.
Ambos no entanto só fitam o chão.
Difícil ser feliz no Barra Square.

Por que jantar ao lado de uma fila?
Qualquer casa, imagino, é mais tranquila
pra comer escutando seu consorte.

Mas o barulho ajuda a jantar junto
quando faz anos que morreu o assunto
— e o silêncio da casa lembra a morte.

Soneto da desistência

Vivi poucas e boas — mas me lembro
que o momento mais duro dessa vida
foi lidar com a flacidez do membro
e continuar com a cabeça erguida.

A vida é dura quando o pau não é.
Você pode apelar pra religião
mas de nada adianta a sua fé:
a fé move montanhas — picas, não.

Não adianta maldizer o traste:
não há choque capaz de reavivá-lo,
não há reboque, grua ou guindaste

que enfim conseguirá erguer seu falo.
Antes que a fama ganhe norte a sul,
a solução é o comprimido azul.

Soneto hipocondríaco-epicurista

Ama-me enquanto é tempo, mi'a pequena.
Não sei se vou durar. O meu palpite
é que já estou morrendo. Não é cena.
Outro dia peguei amigdalite

que logo deve dar numa gangrena.
Por isso, aceite agora o meu convite
antes que eu ponha pontes de safena:
o sexo é bem mais chato com artrite.

Sei que vai parecer hipocondria,
mas vou morrer mais dia menos dia.
Agora mesmo: dói minha garganta.

A morte vai chegar pra ti também,
abandona-te enquanto ela não vem
— aproveita que o pau inda levanta.

Soneto da depressão pós-coito

Desculpa se pareço muito afoito
assim que a gente acaba de transar,
mas logo após molharmos o biscoito
só penso em qual veneno vou tomar.

O distúrbio surgiu em dois mil e oito
e desde então o mal só faz piorar.
Chama vontade-de-morrer-pós-coito:
após foder, só penso em me matar.

Não posso ter remédios na gaveta.
Quero morrer assim que morre o pau.
Não pense por favor que isso é pessoal:

acontece também quando é punheta.
Sabe o que ajuda: algum carboidrato.
Pede uma pizza e esconde o mata-rato?

Soneto da infidelidade

Ser traído não é um grande drama.
Quando o amor de vocês estiver morno,
é bom que outra pessoa esquente a cama
pra você se deitar no seu retorno.

A mulher que te trai também te ama
e lamenta demais esse transtorno.
O problema do chifre é só a fama:
não há sorte maior do que ser corno.

A tarefa do sexo todo dia
é um fardo que o amante te alivia.
Generoso, durante tuas viagens,

teu parceiro incansável na labuta
ensina ao teu amor mil sacanagens.
Camarada: obrigado pela luta.

Soneto da calvície

No momento em que vi que estava calvo
só pensava em dar cabo da mi'a vida.
Eis que surge uma chance de ser salvo
se eu tomasse essa tal finasterida.

Só que o efeito bateu colateral.
A cabeça de cima deu uma enchida,
mas o mesmo não digo do meu pau:
hoje lembra uma velha deprimida.

Melhor ter cabeleira e meia-bomba
ou ser careca e funcionar a tromba?
Desculpem, vou tentar subir o nível:

melhor ser cabeludo do pau triste
ou ser careca da piroca em riste?
Dei preferência à ponta mais visível.

Soneto português

Nada disso, garanto, é pessoal,
não tem uma pitada de má-fé,
mas ninguém faz amor em Portugal
sem antes passar horas num café.

Se quiseres transar em terra lusa,
jamais alcançarás algum sucesso
em levantar, de um português, a blusa,
sem nadar em piscinas de nespresso.

Bebe-se mais café que se ouve o fado.
Nesse país viciado em cafeína
jamais sequer beijei uma menina

que não tivesse em espressos se afundado.
Não importa o trabalho que dedicas,
não farás nem terás bicos sem bicas.

Soneto da língua-mãe

Última flor do Lácio, sorte a tua
terem desembarcado aqui milhares
de lusitanos numa praia nua
espalhando a palavra em nossos mares.

Pobre língua, chegaste aqui tão crua,
comemos-te por dentro como as cáries.
Carcomida, ficaste como a lua:
tem buracos, mas brilha em mil lugares.

Cada vogal, pra gente, é um latifúndio.
Trocando o infinitivo por gerúndio
inventamos contigo o carnaval.

Sua voz hoje é cheia de "vocês",
mas sem nós morrerias, tal gaulês.
Graças a nós, mainha, és imortal.

Soneto da Faria Lima

Caro colega, peço que se informe:
ninguém mais liga, agora faz um call.
Ao invés de conversa, faz brainstorm.
Até shopping, agora, chamam mall.

Pra lá vão as pessoas quando saem.
Comida pra viagem é To Go,
o prazo agora chama deadline
e o chefe da bodega é o CEO.

Assim como tiraram alguns hifens,
os resumos agora chamam briefings.
Nada vale a sacada, só o insight.

Certas coisas não mudam: pagam mal.
Você não tem direitos nem tem rights.
Se pudessem pagavam com know-how.

Soneto do descompromisso

O carioca, reclamam, não é sério.
Nunca consegue honrar um compromisso.
Basta marcar que surge um revertério,
parece que tomou chá de sumiço.

Explico: aqui gostamos do mistério.
A dúvida é uma espécie de feitiço.
A pressa só conduz ao cemitério.
A vida urge mais do que o serviço.

O lado bom: cê pode muito bem
deixar de ir sem magoar ninguém.
Ou chegar só quando tiver vontade.

Calma. Ninguém quer te fazer de otário.
Não levar tão a sério o calendário
aqui tem outro nome: liberdade.

Soneto do aplauso

Para se bater palmas é preciso,
e nesse ponto seremos bastante
rígidos, duas mãos, que podem não
estar inteiras: os dedos, no caso,

fazem pouca ou nenhuma diferença.
Em seguida, levar de cada mão
a palma em direção à outra palma,
da outra mão, de modo a produzir

barulho. Este produto do encontro
de cada palma será batizado
de palmas (a total ausência de

originalidade não é minha).
Quanto a gostar ou não gostar do objeto
aplaudido, confesso: pouco importa.

Soneto da humildade

Você diz que encontrou o grande amor,
mas é sempre importante um plano B.
Seu rapaz pode ter algum tumor,
ou então, de repente, um AVC.

Não vou torcer pra isso, não, que horror!
Mas, se o cara infartar do coração,
eu entendo e respeito a sua dor,
só te peço pra ser a outra opção.

Se o bonitão tiver câncer de próstata
ou morrer de alguma outra bosta, tá
combinado que eu sou o seu backup.

Toda vida, mi'a amada, acaba um dia.
Ninguém está imune à leucemia.
Anota, por favor, o meu whatsapp.

Soneto da serra

Imagino uma casa bem no alto da serra:
vou plantar pra você bananeiras, bertalhas,
buquês de couves-flores vou colher na terra,
nosso cão vai comer os ratos e as migalhas.

Nunca vamos saber onde tá o saca-rolhas,
pica o alho pro molho, já tá pronto no tacho,
pega o baralho, eu pego a lenha, pega as folhas,
nossa filha correndo pra cima e pra baixo.

Cuidado que lá fora já tá um lamaçal,
não molha o chão, e ajuda a mãe com o alho-poró,
vem botar o agasalho, lá vem um toró,

essa noite vai ser pra curtir o temporal.
Olho a chuva, a fazenda, a família, dou tchau.
É uma pena que a gente se viu uma vez só.

Soneto do esquecimento

Pra se esquecer alguém, será preciso
não se lembrar da tentativa em curso.
Caso contrário só se pensará
em não pensar, que é pensar igual.

Pra ser possível deslembrar de alguém
não se pode querer demais o olvido.
Memória até se ganha em exercício.
O oblívio, não. É dádiva do tempo.

A distração não salva, mas ajuda:
aquarelas, sonetos, *beach tennis*
e sacanagem com desconhecidos.

Um dia, quando menos esperar,
lembrará que faz tempo que esqueceu
e só então poderá lembrar em paz.

Soneto da solenidade

Se eu morrer amanhã quero um cortejo
de fanfarras formando um bloco enérgico
e que aproveitem, todos, o ensejo
pra tomar um bom ácido lisérgico.

Imploro que respeitem meu desejo
e não venham dizer "eu sou alérgico",
ao invés de um abraço, deem um beijo
se fundindo num átomo sinérgico.

Que toquem ao lançar meu corpo ao mar
ô abre-alas que eu quero passar
e *I see trees of green, red roses too*,

e que emendem, mas sem olhar pra trás,
bandeira branca, amor, eu peço paz,
chupando sacolés de cupuaçu.

Soneto da despedida

Não tinha medo da mulher da foice.
Até gostava de pensar na morte.
Tem algo de bonito nessa sorte.
A gente acorda e um belo dia: foi-se.

Como os vivos do conto de James Joyce,
ao Oeste, rumava: era meu norte.
Matar-se parecia um plano forte,
caso a morte tardasse a dar um coice.

Até que conheci minha menina
e parei de sonhar com a guilhotina.
Só consigo sonhar com o seu rosto.

A filha não me deu amor à vida,
mas despertou o pavor da despedida.
Só saio dessa vida a contragosto.

Índice de primeiros versos

Deste livro, veloz, me livraria, 9
Não acredito em deus nem em gnomos 11
Tenho pena de quem é meu amigo, 13
A restrição ajuda o desbloqueio. 15
Repare nas pessoas conversando: 17
Acordei transformado num sultão. 19
Pegue um papel, ou uma parede, ou algo 21
O francês, pequeno, *il apprend*. 23
Erguer antes de tudo uma parede — 25
Já fiz muita besteira nessa lida. 27
O silêncio da fera ela garante. 29
Se uma lua surgir no firmamento 31
Do Donald Trump ao Ahmadinejad, 33
Um conselho: não gaste a sua verve 35
Ah, o amor — te dirão — é coisa séria! 37
Na madrugada as redes me distraem. 39
Não sei fotografar bem o meu pau, 41
Em meio às invasões bárbaras, eu 43
Mahatma se amarrava numa glande, 45
Não adianta, por mais que você prove 47
Tenho total fascínio pela espécie 49
Faz tempo que não ponho os pés na rua 51
Brasil: amo-te como quem te odeia. 53
Passamos muitos meses em clausura, 55
Deve ser um transtorno paranoide, 57

Encontrei-a no tinder de manhã, 59
Adolescente fui um mar de espinha 61
Sexo livre não tem lá muita graça. 63
Haverá quem reclame do perfume 65
Há quem diga que o amor é plenitude, 67
Amar alguém é fácil: fantasia 69
Outro dia, no meio da trepada, 71
À noite, a praça de alimentação 73
Vivi poucas e boas — mas me lembro 75
Ama-me enquanto é tempo, mi'a pequena. 77
Desculpa se pareço muito afoito 79
Ser traído não é um grande drama. 81
No momento em que vi que estava calvo 83
Nada disso, garanto, é pessoal, 85
Última flor do Lácio, sorte a tua 87
Caro colega, peço que se informe: 89
O carioca, reclamam, não é sério 91
Para se bater palmas é preciso, 93
Você diz que encontrou o grande amor, 95
Imagino uma casa no alto da serra: 97
Pra se esquecer alguém, será preciso 99
Se eu morrer amanhã quero um cortejo 101
Não tinha medo da mulher da foice. 103

ESTA OBRA FOI COMPOSTA POR ACOMTE
EM MERIDIEN E IMPRESSA PELA GRÁFICA SANTA MARTA
EM OFSETE SOBRE PAPEL PÓLEN BOLD DA SUZANO S.A.
PARA A EDITORA SCHWARCZ EM OUTUBRO DE 2021

A marca FSC® é a garantia de que a madeira utilizada na fabricação do papel deste livro provém de florestas que foram gerenciadas de maneira ambientalmente correta, socialmente justa e economicamente viável, além de outras fontes de origem controlada.